AF601109

MADAGASCAR

ET

LA FRANCE

PARIS. — IMPRIMÉ PAR E. THUNOT ET CIE,

RUE RACINE, 28, PRÈS DE L'ODÉON.

CARTE

DE

MADAGASCAR,

d'après Owen.

Lith. Goyer, Pass. Dauphine, 7.

MADAGASCAR

ET

LA FRANCE

PAR

H. CHAUVOT

PARIS

JOUBERT, LIBRAIRE-ÉDITEUR

RUE DES GRÉS, 14, PRÈS DE LA SORBONNE

1848

A. M. CAYROU AÎNÉ.

C'est à vous, Monsieur, c'est au plus vieil ami de ma famille, que je dois naturellement offrir cet opuscule. Il traite des avantages que procurerait à notre pays le développement colonial. Vous connaissez nos colonies. Vous avez éprouvé ce que peuvent y faire l'activité, la persévérance et le bon sens. Je ne m'exagère point la portée de ce petit travail; mais votre nom le protégera près du public.

Henry Chauvot.

MADAGASCAR

ET

LA FRANCE.

LES AGENTS FRANÇAIS A MADAGASCAR.

En ce moment, les agents français à Madagascar proposent à la reine un traité de commerce. L'acceptera-t-elle? Cela est au moins douteux (1).

Si pourtant elle l'accepte, le gouvernement français, après tant de fautes commises dans la question de Madagascar, commettra-t-il la dernière faute de ratifier ce traité? Une telle détermination vaut bien la peine d'être méditée.

Traiter de gré à gré avec un souverain, quand il s'agit des intérêts de tout le pays sur lequel s'étend sa domination, c'est reconnaître la légi-

(1) *Voir* la note A à la fin du volume.

timité de ce souverain. La France renoncerait donc à ses droits sur Madagascar, et au prix de quels avantages ? Si les événements de Tamatave ne nous ont pas fait suffisamment connaître la bonne foi de Ranavalone, demandons aux Anglais de quelle manière elle respecte les traités les mieux cimentés. La ratification d'un traité avec Ranavalone, après sa brutalité envers nos commerçants en 1845, n'inspirerait au commerce français aucune confiance ; et, s'il y a un peuple qui verrait un jour avec déplaisir notre installation définitive à Madagascar, ce peuple ne soutiendrait-il pas, avec quelque apparence de justice, que nous avons nous-mêmes sanctionné les droits du souverain actuel de l'île?

On ne conclut de traité de commerce qu'avec des nations étrangères et indépendantes.

CHAPITRE PREMIER.

Détails géographiques. — Fertilité du sol. — Mœurs et coutumes. — Apparition des Hovas. — Caractère de Radam. — Ranavalone et son gouvernement.

Dans l'océan Indien, entre la côte Mozambique, à l'ouest, Bourbon et Maurice, à l'est, se trouve l'île de Madagascar.

Madagascar, surnommé par nos ancêtres, il y a bientôt deux siècles, *la France orientale*, n'est plus pour nous cette terre mystérieuse où l'on ne doit rencontrer que fièvre et anthropophages. Grâce à de consciencieuses recherches faites, pendant ces vingt dernières années surtout, par des historiens de mérite, tels que Macé-Descartes en France, et William Ellis en Angleterre ; par de savants explorateurs, parmi lesquels Owen et Bona Christave ; par des hommes qui ont habité l'intérieur même du pays, tels que le capitaine Garnot et le révérend docteur Jones, la science a sur Madagascar des données positives. Nous ne les avons acceptées, toutefois, qu'en les soumettant au contrôle et à la critique, ces deux guides indispensables à la vérité historique.

Madagascar, l'une des plus grandes îles du monde, a environ 350 lieues de long, 105 lieues de large et 900 lieues de tour. Figurez-vous au centre une zone de terre, dont la largeur embrasse à peu près le quart de celle de toute l'ile, commençant à 20 lieues du cap d'Ambre, et se terminant à une quinzaine de lieues au-dessus du cap Sainte-Marie. Appelons cette zone le plateau supérieur. Ce plateau est entouré, à l'est et à l'ouest, par une suite de montagnes détachées les unes des autres. De chaque côté de ces deux chaînes, un nouveau plateau, plus bas que le premier, fermé par de nouvelles montagnes, également discontinues et filant parallèlement aux deux chaînes supérieures. Figurez-vous ce phénomène se reproduisant à l'est et à l'ouest jusqu'à la mer, et vous aurez une idée du sol de Madagascar.

L'élévation du terrain, à mesure que l'on s'avance vers le plateau central, a été constatée par de nombreuses observations barométriques. Tandis que les plages de Tamatave sont envahies à certaine époque de l'année par les eaux de l'Océan, la ville de Ménabé, située à égale distance du plateau supérieur et du rivage, est à 2,000 pieds au-dessus du niveau de la mer; et la capitale des Hovas, point central de l'île, domine l'Océan de 5,000 pieds.

Les principaux fleuves sont, en prenant par le nord-ouest et faisant le tour de l'île: l'Ikoupa, qui vient de la capitale des Hovas; le Mangouki, le Mananghar, le Manangourou et le Mangourou. Ces cinq cours d'eau, les plus considérables de Madagascar, descendent du plateau central, et prouvent par suite, de la manière la plus incontestable, la discontinuité des chaînes de montagnes dans l'île.

Madagascar, et il importe de le constater, abonde en collines, mais ne compte qu'un petit nombre de montagnes, et d'une faible élévation. Les noms de ces montagnes sont en général caractéristiques. Ce sont les montagnes Longues, les montagnes de Fer, la montagne Rouge : cette dernière, au sud d'Ancove, de toutes la plus haute, s'élève seulement à 4,000 pieds au-dessus de Tananarive. Citons encore la montagne de Cristal, que l'on rencontre en allant de Tamatave à Tananarive, et qui brille en effet du plus vif éclat, quand le soleil y jette ses rayons.

Le lac le plus considérable de Madagascar est le lac de l'île d'Argent dans le pays des Antsianaks. Il suffit, pour en donner une idée, de dire que l'île qui y est renfermée a 3 lieues de tour. Viennent ensuite, dans la province d'Ancove, le lac Itasy, renommé pour la quantité et la délicatesse de son poisson, et le lac « Image de l'Océan, » dans la province de Féerégne. Les métaux les plus précieux y abondent. Le pêcheur, au dire des indigènes, en relevant ses filets y trouve souvent des morceaux d'or. Au reste, c'est à peu de distance du lac qu'est situé le mont Tangoury, ancien volcan éteint. « Tu vois, disait un Sakalave à un voyageur français, en lui indiquant le Tangoury, tu vois la demeure de celui que nous appelons l'ennemi des hommes. C'est sous ces voûtes ténébreuses qu'il a bâti son palais. Il est le maître du feu, qui dévorerait, s'il le voulait, les Malgaches et leurs troupeaux. Depuis plusieurs siècles, il reste enfermé dans son palais, couché sur des monceaux d'or qui lui servent de lit. »

Ces fables, qui ne peuvent se trouver que chez un peuple encore enfant, sont très-communes à Madagascar, et les lacs en ont bien leur part. Après ceux que nous avons déjà nommés, vient une série de lacs sur la côte orientale, entre Tamatave et Andévourante. L'un des îlots semés dans ces lacs est la demeure de la sorcière Mahao, et telle est la frayeur inspirée aux Malgaches par la sorcière, qu'en passant auprès de l'îlot ils n'ouvrent jamais la bouche.

La terre qui sépare le premier lac du second s'appelle Tanfoutchi (terre blanche). « Là, disent les indigènes, existait un énorme serpent; il enveloppait de ses replis des villages entiers, et de ses dards égorgeait les bœufs et les hommes; mais un jour le bon génie paraît dans la province, il s'arme d'une serpe aussi longue que le serpent, l'attaque pendant son sommeil et le met en morceaux. » On montre encore la caverne où se retirait le monstre et l'étang où il se baignait au milieu du jour.

Le troisième lac de la série est la propriété du géant du Feu, et, pour le passer sans crainte, il faut avoir sur soi des charmes protecteurs.... Si nous voulions nous arrêter à toutes les légendes que racontent sérieusement les indigènes, la tâche serait longue. Pas une montagne, pas un fleuve qui n'ait la sienne. Ainsi, l'une des rivières de l'est s'appelle Matitana, mot composé qui signifie main morte. Demandez à un riverain l'origine de ce nom, il vous dira : « Autrefois deux géants d'une stature extraordinaire se rencontrèrent sur ces bords; ils se prirent de querelle, et pendant la contestation, l'un d'eux saisissant la main de l'autre, la secoua si rudement qu'elle se détacha et tomba dans la rivière. »

Les étangs et les marais sont principalement situés sur la côte orientale. Cette côte, en effet, ne continue pas dans certains endroits sa pente vers la mer. Sans cesse battues par l'Océan dont aucune grande terre n'amortit l'impétuosité, quelques plages se relèvent, et dans le creux ainsi formé les eaux retenues croupissent, et laissent échapper les vapeurs pestilentielles qui donnent la fièvre aux Européens, sans épargner les Malgaches eux-mêmes.

Mais ce qu'il importe d'observer, c'est que les marais ne sont fréquents que sur une partie de la côte de l'est. A peine a-t-on pénétré à dix lieues dans l'intérieur que les marais disparaissent. L'air y est sain, au dire de tous les colons. Voilà pourquoi, M. Blevec, gouverneur de Tintingue et de Sainte-Marie, était d'avis, puisqu'on ne voulait pas faire la conquête de toute l'île, que l'on fît une trouée s'étendant en largeur de Tintingue à Tamatave; en profondeur, du rivage au centre de l'île. Par là, disait M. Blevec, nous ne serons plus exposés à l'insalubrité des marais au milieu desquels il nous faut vivre.

Mais ce qui fait de Madagascar une terre éminemment destinée à être un jour une position maritime importante, une colonie à grandes ressources, c'est d'abord sa situation géographique entre le cap de Bonne-Espérance et l'Inde, puis des rivages, que nos marins et les marins anglais comparent aux ports les plus remarquables de l'Europe; à l'est, la baie d'Anton-Gil, la baie de Tintingue, la rade de Tamatave et le fort Dauphin; à l'ouest, les baies de Saint-Augustin, de Bali, de Bombétok, de Passandava (cette dernière, protégée par l'île de Nossibé, semble faite pour devenir une position militaire inexpugnable); au nord, enfin, le port Louquez, la baie de Diégo Souarez et Ambavanibé surnommée par Owen « port Liverpool. »

Nous connaissons les îles qui entourent Madagascar: à l'est, Sainte-Marie; au nord-ouest, Nossibé, Nossi-Mitsiou et Mayotte, où s'est retiré le drapeau français. Autrefois il flottait à Tamatave, au fort Dauphin, dans la baie d'Antongil, où les naturels parlent encore du port Choiseul et de la ville de Louisbourg, où ils conservent avec vénération le tombeau de Benyowski ; mais il nous a fallu, devant les Hovas, abandonner la grande terre et nous retrancher dans les îles.

C'est de là que nous protestons contre les envahisseurs et que notre drapeau, aperçu de l'un et de l'autre côté de Madagascar, apprend aux indigènes, depuis longtemps nos amis et opprimés aujourd'hui par les Hovas, que nous ne les avons pas abandonnés à tout jamais.

Non, la France n'a pas renoncé à un pays aussi riche. Elle n'en a jusqu'ici exploité que les côtes, et malheureusement les côtes les plus malsaines; mais elle sait quelles ressources elle trouvera à Madagascar ; elle sait, par les colonies voisines, par l'île de France, à jamais regrettable, quelles inépuisables richesses attendent nos colons dans cette contrée privilégiée.

Là des mines de fer, d'or, d'argent, de cuivre, d'étain, de plomb, de mercure, et comme si la Providence avait voulu venir en aide à la marche hardie de la civilisation, des mines de houille, entre les peuples européens et l'Inde qu'ils vont exploiter. Le riz, le maïs, le manioc, le blé, le gram, l'orge et l'avoine y viennent presque sans culture, et donnent jusqu'à trois récoltes par année. Le café, et nous en avons une idée par celui de Bourbon; le cacao, le tabac, qui ne le cèdent en rien à ceux de la Havane, du coton et, en grande abondance, de l'indigo, des gommes de toute espèce; le pavot, qui donne l'opium; le coco, qui produit une huile dont on fait un si grand commerce dans les contrées intertropicales.

Là des bois de construction les plus beaux: c'est le sandal, l'ébène, l'acajou, le benjoin, le canel, le dur tatamaca, le bois noir, le bois de ronde, le bois de fer, le filao ou peuplier des Indes, le bambou, la ravinale, appelée avec raison l'arbre du voyageur, dont il étanche la soif. Parmi les fruits, l'ananas, la mangue, la gouyave, l'atte, le letchi et presque tous ceux d'Europe. Et ne nous étonnons pas de voir à Madagascar les productions en apparence les plus incompatibles. L'élévation successive du terrain à mesure que l'on approche vers le centre fait que, sans sortir de l'île, on passe par les températures les plus diverses.

Parmi les animaux précieux, le mouton et le bœuf, dont les savanes de Madagascar fournissent d'innombrables troupeaux, de la volaille en immense quantité; parmi les oiseaux, la perdrix, la perruche, le perroquet, semblable à celui de l'Inde, le faisan doré et la pintade; sur les côtes, la frégate, dont l'envergure est deux ou trois fois celle de l'aigle; dans l'intérieur, le « dénonciateur du caïman » et le vouroun-mahère, devenu l'oiseau royal, depuis que le souverain des Hovas en a décoré ses armes.

Qu'elle est belle à contempler de l'Océan, cette terre encore vierge! Au delà des vagues, qui vont de loin en loin se briser avec fracas contre les récifs ou mourir en bruissant sur des plages sablonneuses, commencent, à peu de distance de la côte, des collines et des montagnes qui semblent se poursuivre et s'effacer, à mesure que le vaisseau s'avance, pour en laisser apercevoir de nouvelles. Superposées les unes derrière les autres, elles figurent un escalier de verdure....... Au pied de cette montagne des rizières, des champs de maïs, des prairies naturelles; plus haut, des bois qui s'étendent jusqu'à la cime, couronnée parfois de nuages, dont la blancheur rend encore plus sombre la verdure de ces bois séculaires. Çà et là, dans le lointain, et presque toujours sur le bord d'une rivière, quelques centaines de maisons couvertes en paille : ce sont les villes, les bourgs des diverses peuplades qui se partagent Madagascar.

Ces peuplades, au nombre de vingt à vingt-cinq, donnent une population de trois à quatre millions d'âmes. Les principales sont : les Hovas, les Sakalaves, les Betsimsaraks, les Antaymours. Les villes d'origine malgache sont : Tananarive, dans l'Ancove; Rahidranou, dans l'Antsianak ; Ménabé, dans la province du même nom, ancienne demeure des rois sakalaves. Ces villes ne diffèrent des villages que par le nombre de leurs maisons. Parmi les villes d'origine européenne : Tamatave, Foulpointe, Louisbourg, le Fort Dauphin.

La demeure de l'indigène, ses mœurs et ses coutumes ne sont peut-être pas ce qu'il y a de moins curieux à étudier.

Quatre poteaux qui soutiennent des traverses recouvertes de feuillage, et un entourage en pieux, voilà l'extérieur de la case malgache. Dans l'intérieur, deux chambres seulement : la chambre à coucher, et la cuisine, qui sert en même temps de salle à manger. Le plancher, en bambous grossièrement assemblés avec de la terre glaise; le lit, formé de quatre pieux et de gaules, sur lequel est étalée une natte en paille de diverses couleurs. Dans la cuisine, un châssis en bambou, où le Malgache fait *boucaner* sa viande ou son poisson ; et plus le châssis est sale, plus il est de bon goût : car c'est une preuve convaincante que le maître du logis traite souvent ses amis. Une table et quelques chaises d'un travail plus que rustique. Pour vaisselle, quelques cuillers et fourchettes en bois, quelques pots en terre ; pour ornements, des tabourets, des paniers en jonc, des *sironkelles* ou boîtes en paille, travaillées avec goût et d'une teinte toujours fraîche.

L'homme, dans ces climats chauds, porte pour tout habillement le langouti, qui lui tient lieu de caleçon, et le limba, dans lequel il se drape comme l'Espagnol dans son manteau. Telle est à peu près aussi la mise de la femme ; quand elle fait toilette, elle porte un canezou.

Jamais la mère n'abandonne son enfant ; dans les champs, elle le porte sur son dos ou à sa hanche.

Là, comme chez tous les peuples sauvages, la polygamie est en usage ; plus on est riche, plus la loi vous permet de femmes. Le plus petit prince en a trois : sa femme titrée, sa maîtresse et une esclave. Lorsque celle-ci lui donne un enfant, il doit l'affranchir. La femme n'est point traitée à l'égal de l'homme ; à sa naissance aucune fête, à sa mort aucune cérémonie. Elle travaille pourtant plus que lui; elle lui est même supérieure en général sous le rapport de l'intelligence.

Dès qu'un enfant vient au monde, le père en avertit le devin. Déposé sur une natte, le nouveau-né attend le jugement fatal; à côté de la natte, le père plante sa sagaye la plus belle, il y suspend ses plus riches ornements. Le devin arrive gravement, et annonce si l'enfant est venu au monde un jour heureux ou malheureux. Dans le premier cas, les danses commencent; dans le second, le père va lui-même jeter l'innocente victime à la rivière, l'exposer dans la forêt voisine ou l'enterrer tout vif, avec une inflexibilité que le fanatisme seul peut expliquer.

L'une des fêtes les plus brillantes est celle de la circoncision. A la pleine lune de mai, les enfants sont portés dans un lieu désigné par le prince; de toute la nuit ils ne doivent pas dormir. Aussitôt le lever du soleil, la mère va laver son fils à la rivière, l'habille de sa robe neuve la plus blanche; pendant ce temps arrive le prince, accompagné du devin. Le premier goûte d'une liqueur qu'on lui présente, et en jette le reste dans un grand trou préparé pour la circonstance. Le devin immole un coq blanc, en fait couler le sang dans le même trou; on y plante un long bois, au pied duquel le devin, après la circoncision, vient immoler un taureau, tandis que la foule danse et chante autour des enfants et du prince, qui siége sa sagaye à la main. Après la réjouissance, chacun des convives, emportant un morceau du taureau, se retire au bruit du tamtam et du bobre africain.

Cet usage, emprunté aux Arabes et devenu général aujourd'hui dans l'île, a été, comme on le voit, enrichi de tout ce que peut inventer la superstition.

Qu'avons-nous besoin, après cela, de dire qu'aucun acte important ne se fait chez les Malgaches sans la consultation du devin? C'est lui qui décide quel jour il faut livrer bataille, quel jour il faut se mettre en voyage; lui encore que l'on consulte pour traiter avec l'ennemi. Il vend de petits sachets qui préservent le guerrier de l'atteinte de la sagaye et des maladies épidémiques. Avec ces talismans, placés pendant la nuit sous sa tête, le Malgache est persuadé qu'il sait ce qui se fait loin de lui. Le devin enfin jette des sorts qui font trembler le pauvre sauvage.

Quoi qu'il en soit, parmi les coutumes les plus étranges de ces peuplades, il y en a qui dénotent en elles des hommes facilement civilisables; le Malgache, en effet, est causeur, curieux, avide de nouvelles. Jamais deux indigènes ne se rencontrent sans s'arrêter, et alors commence leur conversation, leur kabar. Quand bien même ils se seraient vus une heure auparavant, le kabar est de rigueur. Le nautonnier aperçoit-il sur la rive une personne même inconnue, il cesse de ramer et le kabar s'ouvre.

Cette propension à la causerie, cette curiosité sont des éléments incontestables de civilisation. De tous les peuples anciens, comme on l'a souvent remarqué, le peuple gaulois était le plus causeur et le plus curieux, et nul n'a plus vite que lui profité de la civilisation romaine. Et cette autre coutume : lorsque deux Malgaches veulent se lier étroitement, ils font le serment du sang. Le devin (comme on devait le prévoir) arrive avec son petit couteau et deux morceaux de gingembre; il fait sur leur poitrine une petite cicatrice, et chacun avale le morceau de gingembre imbibé du sang de son ami. Dès ce moment il s'établit entre eux un lien sacré, plus sacré même que ceux de la parenté. Ils doivent s'entr'aider toute leur vie ; s'ils sont dans des camps opposés, et que l'un tombe prisonnier, l'autre lui doit protection.

Qu'ils sont loin pourtant de toute civilisation ! L'antiquité ne nous offre aucun peuple chez lequel la justice ait été rendue d'une manière aussi bizarre, aussi inique.

En tête des crimes que punit encore aujourd'hui la loi malgache, sont la sorcellerie et la profanation des tombeaux. C'est sous l'arbre le plus sombre, sous le tamarinier, que le conseil des vieillards se réunit. D'abord le serment : celui qui fait un faux serment devient l'esclave de celui par lequel il a juré, fût-ce même un étranger. Tour à tour les parties prennent la parole, et à chaque raison plausible présentée, le juge met un petit morceau de bois dans l'une des deux urnes en paille qu'il a devant lui. Après la plaidoirie, on compte les morceaux de bois ; celui pour lequel on en a mis un plus grand nombre est, aux yeux des juges, celui qui a raison. Les peines sont la mort, l'esclavage, l'amende en argent ou en bœufs, suivant la fortune du coupable.

Si, dès le début, la partie nie le fait imputé,

on a recours aux épreuves judiciaires. Elles se font par le feu, l'eau et le tanguin.

Par le feu : on passe sur la langue de l'inculpé un fer rouge; et si après cela il peut prononcer certaines paroles, il est innocent.

Par l'eau : on conduit l'inculpé sur le rivage; il s'appuie sur une grosse pierre, la partie inférieure du corps dans l'eau; de chaque côté se tiennent des hommes armés de sagayes. Pendant un temps déterminé, l'inculpé reste dans cette position; et si, de la vague qui vient frapper contre lui, une seule goutte d'eau lui mouille la partie supérieure du corps, il est évidemment coupable, et à l'instant même une grêle de sagayes pleuvent sur lui.

Les Antaymours s'en remettent encore au caïman : l'inculpé est amené sur le bord de la rivière d'où l'on aperçoit le hideux caïman se roulant au milieu d'herbes boueuses; l'inculpé se précipite et va passer sous la dent du monstre, qui l'épargnera certainement s'il est innocent.

Enfin, par le tanguin, et c'est ici la peine la plus détestable, lorsqu'on songe au fréquent usage qu'en font les indigènes(1). Pour résoudre

(1) M. Delastelle estime que le tanguin a tué à Madagascar, de 1832 à 1844, plus de 150,000 personnes.

le moindre doute, on condamne le Malgache à boire du tanguin. Le tanguin est un poison excessivement violent que le devin seul connaît, que lui seul administre, et à la dose qui lui plaît. Aussi, à moins que l'inculpé ne soit d'une très-robuste constitution, ou plutôt dans les bonnes grâces du devin, il meurt au milieu des plus horribles contorsions. Ainsi justice est faite! Faut-il ajouter, pour comble d'iniquité, que le devin partage avec le prince les biens du coupable?

En fait de religion, le Malgache croit en général au bon et au mauvais génie; il croit à plusieurs dieux personnifiés dans tel arbre, telle montagne ou tel fleuve; mais ses croyances sont des plus vagues, et il y renonce dès qu'on lui en fait comprendre l'absurdité. Aussi n'est-il pas, comme l'Arabe ou l'Indien, l'ennemi de tout ce qui n'adore pas le même Dieu que lui. Outre les sympathies (1) que les premiers colons de Madagascar nous disent avoir rencontrées dans cette île, sans parler non plus de l'hospitalité malgache, sur laquelle les commerçants sont unanimes, il nous suffira de constater à Madagascar l'existence des Malates ou mulâtres, issus

(1) *Voir* la note B à la fin du volume.

de Français et des filles de chefs malgaches, lesquels mulâtres ont régné pendant des années à Tamatave. C'est que le peuple indien et le peuple arabe sont des peuples faits, des peuples déchus de leur antique grandeur ; et comme s'ils avaient eux-mêmes conscience de moins valoir que leurs ancêtres, ils persistent aveuglément dans les croyances qui leur ont été transmises.

Le Malgache, au contraire, est encore dans l'enfance; il est superstitieux, et c'est ce qui lui fait parfois commettre des actes iniques; il est simple (1), crédule, insouciant de l'avenir; chanter, danser, dormir, voilà comment il passe sa vie. Si ce sont là des défauts, ne sont-ce pas ceux de l'enfance? Mais aussi il est bon, capable d'affection et d'enthousiasme; il est plus intelligent, plus dégagé dans ses mouvements, que ne le sont ses voisins de la terre ferme. Il est adroit dans le maniement de la sagaye, son arme naturelle; mais mauvais soldat.

La guerre est-elle déclarée? chacun prend sa sagaye, quelques-uns leur fusil anglais; pendant la route, on vit de pillage; l'attaque se fait avec grand bruit et fanfaronnade; le vainqueur,

(1) *Voir* la note C à la fin du volume.

vantard à l'excès, montre le sang dont il a teint sa lance; le vaincu découragé ne revient jamais à la charge; caché dans les bois, il n'en sort qu'après le départ du vainqueur.

Des peuplades, aussi peu habituées à une guerre sérieuse, faciles à se décourager, n'ayant ni places fortes ni traités, pour défendre leur indépendance réciproque, ne devaient pas opposer une grande résistance à la conquête; et, si les envahisseurs, déjà supérieurs par une certaine habitude des armes, étaient commandés par un chef énergique, si ce chef était lui-même conseillé par des hommes civilisés, leur domination ne devait pas être difficile à établir. C'est ce qu'a fait la peuplade des Hovas, sous son chef Radam, avec l'appui des Anglais.

Les Hovas, moitié Arabes, moitié Malais, sont petits et vifs; ils ont la peau olivâtre; méchants et rapaces comme les Malais en général.

Détestés pour ces défauts sans doute par les peuples leurs voisins; conspués comme les parias de Madagascar; chassés de la côte du nord, où leurs ancêtres étaient venus primitivement s'établir, les Hovas se retirèrent peu à peu jusqu'au centre de l'île, dans la province d'Ancove. Encore leur fallut-il là être toujours sur la défensive. C'est à cette attitude forcément militaire, qu'ils ont dû leur supériorité dans les armes, supériorité relative, il est vrai, comme celle des Cypayes dans l'Inde, comparativement aux autres Indiens ; car le Hova ne tiendrait pas plus devant le soldat européen, que le Cypaye révolté devant l'Anglais. Et s'il a suffi d'une armée Hova pour faire, en quelques années, la conquête de presque tout Madagascar, c'est qu'à la tête de cette armée il y avait un homme de génie.

Petit, bien fait, les traits réguliers et pleins de finesse, Radam, à une activité extraordinaire, joignait un courage, une impétuosité qui entraînaient ses soldats. Énergique dans sa parole comme dans ses actes ; juste et non violent, comme la plupart des hommes supérieurs, mais encore à demi sauvages. Son esprit, remarquable surtout par le sens et le tact. C'était l'homme qu'il fallait pour dompter et civiliser les Malgaches. Avec cela, il avait toute la diplomatie nécessaire pour déjouer les projets d'une nation amie, dont il admirait la grandeur, mais dont il craignait encore plus la politique insinueuse et toujours envahissante.

Il avait bien voulu signer un traité de commerce avec l'Angleterre ; de concert avec les Anglais faire cesser la traite ; il avait reçu avec bienveillance les missionnaires de Londres ; il n'avait point refusé la belle voiture, les beaux chevaux anglais et la vaisselle d'argent que lui envoyait le gouverneur de Maurice ; mais quand James Hastie lui parla de percer une grande route entre le bord de la mer et Tananarive, prétendant qu'il serait beau d'y voir le souverain de Madagascar faisant caracoler ses chevaux, quand l'agent britannique lui assura que, s'il le désirait, par amitié pour le roi de Madagascar, l'Angleterre enverrait des ingénieurs qui traceraient cette route, Radam en souriant : « Si je faisais cette route, avant peu nous verrions les habits rouges à Tananarive. » Et, quand ses amis les moins réfléchis lui conseillaient de marcher plus rapidement dans la voie de la civilisation : « Ne me faites pas marcher trop vite, leur disait-il, vous me feriez tomber ; car je suis un enfant, et mon peuple encore plus enfant que moi. » Lorsqu'en 1825, notre gouverneur de Sainte-Marie, M. Blevec, protesta contre le titre pris par Radam, de roi de Madagascar, celui-ci lui répondit qu'il prenait ce titre, parce que, seul, dans l'île, il était capable de le soutenir.

Pénétré d'une profonde admiration pour Napoléon, il aimait à se faire expliquer les campagnes et les institutions du grand homme.

Par imitation, il créa auprès de lui un maréchal du palais et un grand juge, divisa Madagascar en provinces et en districts, comme la France avait été divisée sous Napoléon en préfectures et sous-préfectures. Lui aussi avait dû se montrer inflexible contre ses vieux grognards ; il ordonna un jour que tous ses soldats eussent les cheveux coupés ; les Hovas s'y refusèrent. « Ils résistent, s'écria-t-il, eh bien ! qu'on les tonde de telle sorte que leurs cheveux ne repoussent plus ! » En mourant, il recommanda que les portraits de Napoléon et de Frédéric II fussent placés auprès de lui dans son tombeau.

Radam fit faire un grand pas à la civilisation. Sous lui prirent naissance les arts et l'industrie. Il protégea les écoles à la Lancastre, et quand il mourut, ces écoles comptaient déjà quatre mille élèves. Il restreignit la peine de mort, et se déclara contre les épreuves judiciaires, en usage dans le pays. Si à ces réformes on ajoute que Radam a le premier organisé une armée à Madagascar, fait la conquête de presque toute l'île, on conviendra que ce n'est point par flatterie que les Hovas l'ont surnommé Radam le Grand (1).

Mais cette civilisation naissante s'abîma dans la plus profonde barbarie, lorsque le pouvoir tomba entre les mains d'une femme, qui, pour le malheur de Madagascar, trône encore à Tananarive.

Dénuée de tout talent, incapable de continuer, de comprendre même l'œuvre de Radam, la superstitieuse et sanguinaire Ranavalone semble avoir pris à tâche d'anéantir cette œuvre.

Radam avait signé un traité de commerce avec l'étranger, accueilli les missionnaires anglais, fondé un système d'éducation publique; Ranavalone viole le traité avec l'Angleterre, expulse les missionnaires, après d'indignes procédés, et déclare qu'elle fait tout cela par l'ordre des idoles. Radam avait combattu le tanguin, Ranavalone le remet plus que jamais en honneur; et, à chaque fois que la fortune d'un Malgache tente sa cupidité, c'est au tanguin qu'elle a recours. Dans ses moments de loisir, Radam se faisait raconter la vie de Napoléon, Ranavalone n'a pas de plus grand plaisir que d'as-

(1) *Voir* la note D à la fin du volume.

sister à des combats de taureaux hérissés d'armes en fer très-aiguës. Radam enfin avait adouci les lois pénales ; Ranavalone, après avoir elle-même peut-être empoisonné Radam, après avoir fait assassiner la mère et la sœur de Radam, poursuit les autres membres de la famille de son mari avec un incroyable acharnement.

Telle est cette femme que William Ellis a surnommée avec raison le Caligula féminin.

Depuis 1828 elle règne sur Madagascar. Elle aussi travaille à étendre sa domination ; mais c'est par la spoliation, par la dépopulation qu'elle y travaille.

Le gouvernement hova s'y prête de la manière la plus engageante ; car si cette hiérarchie entre le ministre de la reine, le commandant par province et l'agent subalterne par district semble au premier coup d'œil n'être que la reproduction des gouvernements européens, au fond, ce n'est, comme on s'en aperçoit bientôt, que de la fiscalité de bas étage.

Les fonctionnaires ne reçoivent aucun salaire du gouvernement ; ils se payent comme ils l'entendent. Ce sont les soldats hovas, répandus dans toutes les provinces, qui prélèvent les impôts. Chaque année le Hova se présente dans la famille malgache, et c'est à l'ombre de sa sagaye qu'il compte avec elle. L'impôt de la reine consiste en un sac de riz par case ; chaque personne paye de plus le poids d'un grain de riz en argent, et cette somme qui nous paraît si minime, le Malgache a souvent la plus grande peine à se la procurer, et pourtant il faut, au prix de sa liberté, qu'il la trouve. Quant à l'impôt du commandant, de ses subalternes et du soldat hova, il n'est pas fixé. C'est le percepteur lui-même qui le fixe, qui l'exige, quand il lui plaît, et aussi souvent qu'il lui plaît.

Si, à ce détestable arbitraire, on ajoute qu'il n'y a pas au monde une race plus rapace que la race malaise, à laquelle se rattachent en partie les Hovas, on se fera une idée de ce que peuvent être les pauvres Malgaches, sous la domination de Ranavalone.

Aussi ceux qui peuvent s'en affranchir en émigrant dans les îles voisines, ou en se retirant dans les endroits faciles à défendre, en prennent-ils le parti. Tels sont les malheureux Sakalaves qui, au nombre de vingt à trente mille, sont retranchés dans le nord du Boueni, et ceux qui ont passé sous la protection de la France dans les îles Mayotte et Nossibé, au nombre de quinze à dix-huit mille. Et tous n'ont pas de vœux plus ardents que de retourner dans leur patrie; tous appellent les Français à leur secours, et sont prêts, dans l'extrémité où on les a réduits, à se ranger sous le premier drapeau qui flottera sur le rivage.

La reine des Hovas ne l'ignore pas, et c'est ce qui exagère encore sa barbarie. Elle sait quelle antipathie les Hovas ont, de tout temps, inspirée aux autres peuplades de l'île; elle sait que parmi ses propres sujets elle a un parti ennemi; que le jour où une armée européenne mettra le pied sur le sol de Madagascar elle aura cessé de régner, et que les agresseurs trouveront des amis au sein même de sa capitale.

CHAPITRE II.

Cause des difficultés en France. — Nécessité de développer le commerce maritime. — Madagascar et l'Algérie. — Ressources de Madagascar comme colonie.

Aussi curieuses que soient les mœurs des Malgaches, nous nous serions reproché d'y donner, sans utilité, quelque attention dans un moment si grave, où la France songe peu à l'amusement, et ne se préoccupe que de son salut.

En présence des terribles difficultés où notre pays se trouve, le devoir de tout homme studieux est d'en chercher la cause et le remède.

La cause est, à notre avis, la concentration excessive de la population, en même temps que décroît chez nous l'une des sources les plus fécondes du travail, le commerce. Le remède est donc dans l'extension du commerce et la colonisation qui en est la suite nécessaire.

Voyez les grandes puissances de l'Europe; aucune n'est aussi concentrée que la nôtre.

L'Angleterre, dira-t-on, est plus peuplée qu la France, et aussi la Belgique.

Mais la Belgique éprouve intérieurement les mêmes difficultés que nous; nos maux sont les siens; c'est une province française, qui partage toutes les commotions de la France. Lorsque Louis-Philippe part en exil, le roi des Belges demande à ses sujets s'il doit lui aussi partir.

Quant à l'Angleterre, se renferme-t-elle dans son île? Oublie-t-on que l'empire britannique est plus vaste que ne le fut jamais aucun empire au monde, pas même l'empire romain? Les Anglais exploitent les deux Canadas, l'Inde, la Nouvelle-Zélande, l'Australie, et cent autres colonies. Sa population n'est que les deux tiers de la nôtre, et l'étendue de pays où se développe son activité est *vingt-sept fois* grande comme la France. Peu importe que cette activité siége à Londres, à Calcutta, ou à Sidney, si les régions qui lui sont ouvertes couvrent la moitié du globe. Peu importe au gouvernement anglais que Londres ait deux millions de population, si chaque année vingt mille navires fréquentent ses docks.

La France reste donc la nation la plus concentrée de l'Europe. Et encore, il y a un siècle, la France n'était ni plus ni moins étendue qu'aujourd'hui : alors elle comptait vingt-trois millions d'âmes, aujourd'hui elle en compte trente-six millions. Alors la France avait d'importants débouchés : sous le rapport de la puissance coloniale, elle marchait l'égale de l'Angleterre. Aujourd'hui que nous reste-t-il de toutes nos colonies? Trois ou quatre imperceptibles îlots, que souvent le géographe ne daigne pas indiquer. Et tandis que notre population augmente, il y a économie de bras dans l'industrie par le progrès des machines.

Que doit-on attendre de cette disproportion toujours plus grande entre la population et les ressources de la France? La misère et l'agitation; l'envahissement de ces doctrines absurdes et immorales, qui semblent être le triste privilége de notre siècle.

Vous pouvez avec des millions apaiser un moment le mal, mais vous ne l'enlèverez pas; il faut l'attaquer dans la racine. L'histoire ne nous montre pas de révolution ayant réussi sans donner carrière au dehors à l'activité qu'éveillent toujours dans les esprits d'aussi grands mouvements.

Quand les Anglais se furent délivrés du despotisme de Charles Ier, ils fondèrent les colonies d'Amérique ; quand les Hollandais se furent affranchis du joug de Philippe II, ils allèrent coloniser Java. Et la république anglaise s'est soutenue sous Cromwell à la tête des puissances de l'Europe, et la république hollandaise, un demi-siècle après sa fondation, résistait victorieusement à toutes les armées de Louis XIV.

Napoléon n'avait-il pas compris la nécessité pour la France de réparer les pertes causées par le traité de 1762 lorsqu'il allait lui-même en Égypte, lorsqu'il envoyait le général Decaen dans l'Inde ? Précédemment, Colbert n'avait-il pas inauguré le règne du grand roi par la protection et l'extension du commerce au long cours? C'est à cette politique, commencée par Richelieu, continuée par Colbert, que la France dut, en partie, l'éclat de sa puissance sous Louis XIV.

J'entends dire : « Il faut rendre les bras à l'agriculture. » Quoique l'agriculture doive toujours être la principale source de richesses pour notre pays, nous ne partageons pas l'opinion qu'elle puisse lui suffire. Est-ce l'encouragement qui lui a manqué sous Louis-Philippe? Non; elle a été favorisée au détriment du commerce maritime, et le lendemain du 24 février cent mille provinciaux envahissaient les ateliers nationaux de Paris; et les villes de province ouvraient aussi des ateliers nationaux, où s'épuisaient leurs ressources.

N'imaginez pas que vous ramènerez cet excès de population à l'agriculture. Une génération ne passe pas ainsi de la ville aux champs. Tâchez que désormais la population des campagnes n'afflue plus autant dans les villes; mais celle qui est déjà dans les villes, vous ne la ramènerez pas à la campagne. Vous pouvez détourner l'eau de son cours primitif, en lui créant un cours nouveau, mais la faire refluer à sa source, jamais.

N'oublions pas l'agriculture; sans plus attendre pourtant adressons-nous à une source de richesses trop longtemps négligée, à ce commerce qui occupe non-seulement le marin, mais une quantité d'ouvriers employés dans les ports à charger et à décharger les navires; adressons-nous à ce commerce qui décide, chaque année, des milliers d'individus à aller chercher fortune au loin (1), qui multiplie les comptoirs, qui y appelle un grand nombre de commis, et permet de les rétribuer plus largement ; ouvrons de nouveaux pays à cette activité inquiète qui se débat dans la France devenue trop étroite, et l'agite de ses mouvements.

Personne ne conteste les ressources du commerce au long cours; et cependant qu'a-t-on fait pour le développer ? Après les désastreux traités de 1762 et de 1815 sont venues la restauration, puis la monarchie constitutionnelle, qui ont laissé la marine dans le plus complet abandon.

Chez nous, tandis que la population croît, le commerce décroît. Ainsi :

En 1788, la France comptait vingt-cinq millions d'âmes, et son commerce d'exportation avec les colonies était de 119 millions. En 1842, la France a une population de trente-quatre millions d'âmes, et son commerce d'exportation n'est plus que de 52 millions.

En 1828, l'effectif de notre marine marchande, est de 693,381 tonneaux ; en 1839, il

(1) Il part chaque année pour les colonies anglaises de 130,000 à 140,000 Anglais !

est de 673,308 tonneaux; en 1843, de 599,707 tonneaux.

En 1831, la France a 15,031 navires marchands; en 1844, elle n'en a plus que 13,679.

La grande pêche, en 1838, occupe chez nous, 1,137 navires; en 1841, 948 navires; en 1844, 879 navires seulement.

En 1827, nous avions 3 navires de 800 tonneaux, et 6 de 600; en 1844, les états maritimes ne nous montrent plus qu'un navire français, un seul de 625 tonneaux; les autres sont tous au-dessous de 600.

Et si nous prenions le cabotage, nous y verrions la même décroissance, en face du cabotage anglais qui chaque jour progresse. Aussi, tandis que les navires anglais font aujourd'hui les 0,72 des transports de l'Angleterre, les navires français n'opèrent que les 0,34 des transports de la France. Et plus nous allons plus il y a décadence pour le pavillon français, plus aussi le pavillon étranger nous envahit.

Tandis qu'en 1827 notre marine dépassait le quart de la marine anglaise, en 1844 elle est au-dessous du sixième.

L'un des plus grands reproches que l'histoire adressera à Louis-Philippe, c'est, à coup sûr, d'avoir négligé la marine. En vain les conseils lui arrivaient de tous les ports de France, en vain les avertissements les plus sévères lui venaient des représentants de la nation ! Qui ne se rappelle, en effet, la grande discussion à la chambre des députés en 1846, où nos hommes d'État les plus remarquables vinrent tour à tour, avec des faits, avec des chiffres, réclamer, au nom du pays, pour la marine ?

Sans doute la France n'a pas besoin d'être une puissance maritime aussi grande que l'Angleterre ; mais au moins la comparaison ne devrait-elle pas être si triste pour nous. Tandis que l'Angleterre peut avoir demain sous voile 105 vaisseaux de ligne, la France n'en pourrait pas compter plus de 18. Et ici encore voyez la décroisssance : en 1828, nous avions 36 vaisseaux de ligne ; en 1829, 33 ; en 1843, 23 ; en 1846, 18. Ainsi, 105 et 18, voilà le rapport de notre marine militaire avec celle de l'Angleterre. Et la France, en 1804, comptait 110 vaisseaux !

En présence de tels faits, je ne puis me défendre d'un rapprochement qui s'offre à mon esprit lorsque je réfléchis à la marine française. Les Espagnols, sous Philippe II, assistaient, avec leur roi, au départ des vaisseaux devant lesquels devait s'anéantir le protestantisme ; et à la vue de cette flotte innombrable, la foule, transportée d'enthousiasme, lui jetait du rivage le surnom d'*Invincible Armada*. Et naguère la reine d'Espagne voyait entrer à Cadix ce qui reste aujourd'hui de la puissance espagnole sur mer, un vaisseau, le seul et unique vaisseau (1) qu'eût alors sous voile l'héritière de Philippe II !

Grâce à Dieu, nous sommes encore loin de cette déchéance ; mais devons-nous y arriver un jour ?

Assez et trop longtemps la marine a été négligée en France dans des intérêts particuliers. Le gouvernement nouveau, il faut l'espérer, comprendra que tant que la France donnera sur trois mers, elle ne peut point renoncer à être une puissance maritime.

Que répondait donc le ministère en présence des faits portés à la tribune par nos représentants ? « La France, disait-il, n'a pas assez de marins pour avoir plus de vaisseaux. » Et rien de plus vrai malheureusement. Mais pourquoi n'avez-vous plus assez de marins ? Parce que

(1) *Le Soverano*.

votre marine marchande est insuffisante, parce que votre commerce au long cours dépérit.

Pas de marine militaire sans marine marchande. Pas de commerce au long cours sans colonies.

L'Angleterre a 105 vaisseaux de ligne et des équipages plus nombreux que les nôtres, parce qu'au lieu de 1,798 navires pour sa marine au long cours, elle en a 15,000; et l'Angleterre a 15,000 navires au-dessus de 100 tonneaux, parce que, outre la faveur qu'elle accorde à sa marine, elle offre à son commerce des débouchés sur tout le globe.

Sans discuter ici les avantages et les désavantages du libre échange, il faut bien reconnaître que le système, par trop prohibitif, du gouvernement français a une large part dans la décroissance de notre marine. Nos navires, sans être meilleurs que les navires anglais, nous reviennent plus cher (1). Aussi, qu'un double traité de commerce permette la concurrence entre la France, l'Amérique et l'An-

(1) Je vois dans le Dictionnaire du commerce (article *Navigation*) qu'un navire de 150 tonneaux construit à Marseille, coûte 50 p. 100 de plus que construit à Trieste, et près de 20 pour 100 de plus qu'en Angleterre.

gleterre, cette concurrence nous ne pouvons la soutenir; et les États-Unis se chargent de transporter tout notre coton, et l'Angleterre nous fournit le charbon de terre nécessaire à notre usage, sans que nos navires aient besoin de se déplacer.

Le gouvernement de Louis-Philippe s'est lui-même effrayé de cette annihilation de notre marine, et en mars 1847, la Commission s'adressant aux chambres de commerce, leur posait cette question : « Quels sont les véritables encouragements qui peuvent relever notre marine de l'état d'affaissement dans lequel elle languit, au grand détriment du pays? Suffirait-il, pour cela, d'annuler les traités de 1822 et de 1826? »

Mais, de ce que nous n'avons pas de colonies productives des matières, employées dans nos manufactures, nous sommes obligés de tolérer la concurrence établie par ces deux traités.

Et alors le développement de l'industrie manufacturière, chez nous, ne fait de bien que dans une sphère étroite, incomparablement plus étroite que chez nos voisins. L'Angleterre, d'où tire-t-elle ses cotons? En partie, du moins, de ses colonies; elle en achète par conséquent à ses nationaux. Et qui en fait le transport? Des navires anglais. Ses indigos, elle les fait venir en totalité de ses colonies: nouvelle source de richesse pour ses colons, nouveau transport pour ses navires. Veut-elle vendre les produits de ses fabriques, outre sa population, qui est les deux tiers de la nôtre, elle a des continents entiers; dans l'Inde seulement, elle compte 100 millions de sujets.

Nous, au contraire, d'où tirons-nous nos cotons, nos indigos? En totalité des États-Unis et de l'Inde anglaise. Ainsi, dès les premiers pas, nous appelons les étrangers à partager nos profits. Et quand il faut transporter chez nous ces matières premières, c'est aux navires américains, aux navires anglais que nous nous adressons. Parcourez le port du Havre, et vous vous en convaincrez.

Notre industrie manufacturière n'occupe donc pas, même à proportion gardée, la moitié des bras qu'elle occupe en Angleterre.

Et les Anglais, pour être puissance manufacturière, puissance commerciale, ont-ils renoncé à l'agriculture? Mais l'agriculture est plus avancée chez eux que chez nous. Là aussi il faut des fermiers, des métayers, des laboureurs, qui, sans être propriétaires, trouvent pourtant de l'ouvrage, et gagnent leur vie en travaillant, et non en faisant des révolutions.

Tant que l'Angleterre occupera des millions d'individus dans ses manufactures, des millions d'individus dans ses ports; tant que sa marine comptera plus de sept cent mille matelots, tant que les maisons de commerce à Londres, à Liverpool, à New-Castle, emploieront des commis par centaines de mille, tant que l'activité anglaise aura pour se développer la moitié du globe, l'Angleterre sera tranquille. Sa vieille constitution a vu 89, 93, le consulat, l'empire, la restauration, un second empire, une seconde restauration, la monarchie constitutionnelle, enfin la République; et le gouvernement anglais est plus inébranlable que jamais. Mais aussi, voyez-la, cette nation : quand elle s'aperçoit que l'Amérique tend à lui échapper, elle se jette sur l'Inde; quand il lui faut décidément renoncer aux États-Unis, l'armée indo-anglaise reçoit l'ordre de franchir le Brahmapoutre; et si un ennemi redoutable se présente un jour sur les bords de l'Indus, elle se rejettera sur la Chine, dont elle a déjà essayé les portes, ou sur l'Australie, ce continent plus étendu que toute l'Europe, et dont elle interdit déjà l'abord aux autres puissances.

Avec une telle politique, l'Angleterre ne craint pas les révolutions; elle assiste aux nôtres, elle en profite, elle ne les subit pas.

Comprenant le rôle important que le commerce était appelé à jouer, Pierre le Grand écrivait dans son testament : « La nation qui possédera l'Inde dominera le monde. » L'Inde appartient à nos rivaux, mais nous avons à notre disposition une contrée qui peut devenir un jour pour le commerce français ce qu'est l'Inde pour le commerce anglais. Madagascar n'est pas en étendue la moitié de l'Inde; mais que le commerce français soit seulement le tiers du commerce anglais, et nous nous réjouirons.

Déjà, en 1815, l'Angleterre a jeté les yeux sur cette île; sous Radam, elle en a sondé le terrain, et si nos droits étaient les siens, l'île de Madagascar ne serait pas longtemps dans l'état où elle est. Faisons donc ce que voudraient pouvoir faire les Anglais. Par la colonisation de Madagascar, nous tournerons vers un but utile une activité d'esprit qui, trop concentrée, peut dans son explosion produire les plus funestes effets. Il nous en coûtera des millions; mais ces millions ne seront-ils pas mieux employés que les millions jetés dans les ateliers nationaux ou dans une guerre toujours regrettable?

Notre génération se rappelant que c'est dans les colonies voisines de Madagascar que nos pères, autrefois partis de Lorient, de Saint-Malo, de Nantes, de Bordeaux, sont allés faire fortune, s'élancera avec la même ardeur, et les carrières, dans la mère patrie, ne continueront pas à être de plus en plus encombrées.

« Pourquoi aller si loin? dit-on; la France n'a-t-elle pas l'Algérie à ses portes? » Je ne vois pas d'abord pourquoi un pays qui compte 36 millions d'âmes n'aurait pas deux colonies comme l'Algérie et Madagascar. Ce ne serait encore qu'une faible compensation de ce que nous possédions au XVIIIe siècle.

Quoique très-partisan de la colonisation de l'Algérie, je n'y vois point d'ailleurs les avantages que nous offre Madagascar. Le commerce avec l'Algérie profitera au port de Marseille, qui ne souffre pas; mais les ports en souffrance, ceux de l'Océan, de bonne foi, quel avantage retireront-ils de cette colonisation? Puis, en favorisant plus que par le passé les établissements en Afrique, nous arriverons à en tirer sans doute un meilleur parti ; mais cette terre peut-elle seule répondre aux besoins si nombreux et si pressants de notre situation ?

On l'a dit, il y a bien longtemps, et on peut le répéter sans craindre de démentis, l'Algérie colonisée ne sera jamais qu'un département de plus annexé à la France. Quels sont, en effet, les principaux produits de l'Algérie? le blé, l'olive, la vigne. Mais est-ce l'huile, est-ce le vin qui nous manquent?

Avec l'un des greniers de l'ancienne Rome, nous pourrons un jour n'avoir plus besoin des blés d'Odessa et d'Alexandrie, et c'est là un grand avantage. Mais sans parler de la concurrence que feront les produits de l'Algérie à ceux de la France méridionale, nous procurerons-nous là les produits que nous sommes obligés d'aller demander aux Anglais et aux Américains? Non : eh bien ! ce sont ces produits que nous pouvons tirer de Madagascar. Madagascar fera donc concurrence, non pas à la métropole, mais à l'Inde; et cette concurrence, nous la souhaitons : elle ne peut être qu'avantageuse à notre commerce.

Et si Alger est une position militaire importante, si Alger nous forme de bons soldats, Madagascar, placée sur la route de l'Asie, serait de son côté une position maritime inappréciable. Une fois bien établis, nous y serions inexpugnables. Madagascar n'est pas une colonie comme Maurice ou Bourbon, qu'en bloquant on réduit infailliblement par la famine à capituler. Dans une île de 900 lieues de tour, qui produit de tout, qui se suffit à elle-même, on peut laisser passer l'orage.

Voyons maintenant quelles en sont les ressources.

Chaque année la France achète pour plus de 100 millions de francs de coton; Madagascar produit le plus beau coton connu. On n'a pas oublié sans doute que les colonies voisines de Madagascar, avant de produire exclusivement du sucre, produisaient du coton; et non-seulement le coton que nous emploierions, serait acheté à des colons français, mais encore le transport de ces cotons amènerait nécessairement le développement de notre marine marchande.

L'indigo, et nous allons en chercher pour

24 à 25 millions dans les colonies anglaises, nous le trouverions chez nous ; car l'indigotier est indigène à Madagascar.

Le tabac, nous le faisons venir de la Havane, de la Virginie, de Manille, encore au profit des Américains et des Anglais ; Madagascar en fournit de la meilleure qualité.

Nos colonies produisent du café, mais pas en quantité suffisante pour notre consommation, puisque nous en achetons pour près de 13 millions aux étrangers; Madagascar produirait plus de café qu'il ne nous en faudrait, et nous répétons qu'il est le même que celui de Bourbon.

L'Angleterre vend chaque année pour 100 millions d'opium qu'elle extrait de l'Inde, et c'est là que nous allons forcément nous approvisionner ; Madagascar produit l'arbuste qui donne l'opium.

C'est de l'Amérique, de l'Inde, de l'Égypte, de l'Italie, que vient en grande partie le riz consommé en France; Madagascar produit le plus beau riz du monde (1), et en plus grande

(1) Le riz ne sort jamais de Madagascar en paille ; une loi ordonne qu'il soit dépaillé, afin qu'on ne puisse pas en propager l'espèce à l'étranger.

abondance qu'il n'en faut à la France et à ses colonies. Nous en fournirions même à une île anglaise voisine qui, lorsque les ports malgaches lui étaient ouverts, venait en acheter 30,000 balles par an.

La cannelle, où allons-nous la chercher? à Londres!!! et nous osons nous appeler puissance coloniale!

Ai-je besoin de citer encore la cochenille, l'orseille, les bois de teinture, pour lesquels nous payons à l'étranger un tribut de 8 à 10 millions?

La France, enfin, consomme pour 220 millions à peu près de denrées coloniales, et les colonies françaises n'en fournissent que pour 56 millions, c'est-à-dire le quart.

Nous achetons pour 34 à 35 millions, chaque année, de métaux bruts; les métaux abondent à Madagascar et sont de première qualité. Le fer malgache, par exemple, au dire de tous les connaisseurs, est aussi bon que celui de Suède.

Dans l'intérêt de la marine militaire, nous encourageons la pêche à la baleine. Pensez-vous qu'il serait avantageux d'avoir, dans l'un des parages où se fait cette pêche, une colonie avec d'excellents ports, où les provisions sont à très-bas prix, tandis qu'elles coûtent si cher au cap de Bonne-Espérance et à Maurice?

Croyez-vous que sur la route de l'Inde et de l'Océanie nous tirerions bon parti des troupeaux de bœufs et de moutons, de la volaille, que Madagascar, avec les productions naturelles de son sol, pourra toujours fournir en grande abondance?

Quand les Anglais ont décidé l'affranchissement des nègres, ils ont immédiatement permis à Maurice l'introduction des Indiens comme travailleurs. Et tel était le besoin que, dans l'espace de cinq ans, on en a introduit 40,000. Il nous faudra, par suite de l'émancipation, agir de la même manière en faveur de Bourbon, et où nos colons trouveront-ils des bras? Dans l'Inde? Mais l'Angleterre nous a déjà défendu d'exporter ses Indiens, et elle en a le droit. Nos colons s'adresseront-ils à la côte mozambique? Mais si vous avez une idée des Mozambiques, dites-moi ce que vous en ferez sans l'esclavage? Et d'ailleurs ces hommes, sans aucune ambition, vous ne les avez pas décidés jusqu'ici, et vous ne les déciderez jamais à venir dans nos colonies, comme le font volontiers les Indiens et les Malgaches. Les Malgaches peuvent donc seuls être pour Bourbon ce que sont les Indiens pour les possessions anglaises. Les Indiens ont empêché la ruine des colonies anglaises de l'Est; les Malgaches empêcheraient la ruine de Bourbon, ruine infaillible si les ports de Madagascar ne lui sont pas ouverts.

Sainte-Marie et Bourbon, sans Madagascar, ne servent qu'à grever le budget. Madagascar, entre nos mains, donnerait à ces deux colonies l'importance que l'Inde donne à l'île Maurice; Madagascar, devenu français, assurerait la nationalité de Bourbon, nationalité bien précaire jusque-là. Quand les Anglais voudront, en effet, l'île Bourbon leur appartiendra; ils l'ont prise dans la dernière guerre, ils la reprendront dans la prochaine. Mais que l'on ne se méprenne pas sur le rôle que nous donnons ici à l'île malgache. Nous ne conseillons pas de coloniser Madagascar dans le but de venir en aide à Bourbon, but que semble s'être uniquement proposé le gouvernement français jusqu'ici. Colonisons Madagascar pour Madagascar même; seulement l'une des conséquences de cette colonisation sera la prospérité de Bourbon.

Quant à la consommation des produits français, Madagascar nous offrirait des débouchés considérables pour nos objets manufacturés, pour nos vins, pour les divers articles qui s'expédient à Bourbon et à Maurice.

Maurice a 150,000 âmes de population, et consomme par an 30,000 barriques de vin! Calculez ce que Madagascar, avec 4 millions d'habitants pourrait en consommer, et si un tel débouché serait avantageux pour nos départements méridionaux!

Les toiles employées jusqu'ici à Madagascar viennent en grande partie de l'Amérique et de l'Angleterre. Il est clair qu'après notre établissement à Madagascar, les toiles qui y entreraient viendraient plutôt de Rouen que de Manchester et de Boston.

Madagascar ne produit ni chevaux ni mules; la France lui en fournirait, comme elle en fournit à Maurice et à Bourbon.

Indiquons comme dernier avantage celui d'avoir plus tard un lieu de déportation. Loin de nous l'idée de conseiller au gouvernement d'envoyer à Madagascar les insurgés de juin. Personne ne désapprouverait plus cordialement le pouvoir s'il commettait cette fatale inconséquence. Non, ce n'est pas avec les insurgés de juin que la France doit se montrer à

Madagascar ; jeter de tels hommes sur la terre malgache, ce serait offrir un triste échantillon du caractère français, ce serait le plus sûr moyen de nous la fermer pour toujours. Mais après la conquête nous y établirions un établissement pour les déportés. Un lieu de déportation doit être éloigné de la métropole. Voyez où les Anglais, qui ont des possessions en Europe, en Afrique, partout, transportent leurs grands criminels, le plus loin possible, à Botany-Bey, en Océanie.

En un mot, Madagascar colonisé serait, sur une grande échelle, ce qu'était pour nous l'île de France avant 1815. Placés dans les mêmes parages, sous le même climat, avec un sol offrant les mêmes caractères, un fonds de population presque identique, puisque celle de Maurice est en grande partie d'origine malgache, comment ces deux pays n'auraient-ils pas l'un avec l'autre les plus grands rapports?

Tant de millions que, chaque année, nous comptons aux Anglais et aux Américains, passant dans la circulation de notre commerce avec Madagascar, assureraient la prospérité de cette colonie pour l'avenir, et, ce que je ne cesserai de faire observer, nous occuperions nos nationaux. Peut-on comprendre qu'à côté de l'ancienne île de France, nous ayons une contrée offrant les mêmes chances d'avenir, et que jusqu'ici l'exploitation n'en ait pas été tentée d'une manière sérieuse? En présence des difficultés qui entravent notre marche, jetterons-nous enfin les yeux sur cette terre privilégiée, où l'activité d'une population trop longtemps concentrée pourrait se donner carrière librement et utilement?

CHAPITRE III.

Droit de la France sur Madagascar. — Son origine. — Sa valeur au point de vue de la prescription. — Son étendue — Histoire diplomatique et militaire. — Plan d'une expédition militaire sérieuse. — Colonisation.

Il nous reste à faire connaître les droits de la France sur Madagascar, la marche à suivre dans la conquête et le plan de la colonisation.

Les droits de la France sur Madagascar sont ceux de premier occupant. Contester la légitimité de ce droit, ce serait vouloir remettre en question la légitimité des droits de toutes les colonies. Les Anglais n'ont point d'autre titre à posséder l'Australie ; les Hollandais, Java ; les Espagnols, Cuba. Mais un droit se prescrit : n'avons-nous à aucune époque laissé prescrire le nôtre sur Madagascar ? Un coup d'œil sur notre établissement dans cette île nous convaincra du contraire.

C'est en 1635, tandis que les Anglais et les Hollandais se disputent l'Inde, que le drapeau français est planté pour la première fois à Madagascar.

En 1642, une société de Lorient, sous le patronage de Richelieu, obtient la cession de cette île. A l'avénement de Louis XIV, cette cession est confirmée « pour y ériger colonies et commerce au nom de Sa Majesté très-chrétienne, » suivant l'édit du 20 septembre 1643.

En 1664, nouvel édit qui concède l'exploitation de Madagascar à la compagnie orientale : « Nous, étant le seul souverain, ayant le droit d'y bâtir forteresses et habitations, donnons, concédons et octroyons à la compagnie orientale l'île malgache avec les îles circonvoisines, pour en jouir à perpétuité, en toute propriété, seigneurie et justice. » Et lorsque M. de Beausse part de France comme gouverneur de Madagascar, le roi lui remet un sceau, sur lequel est représenté le monarque, couronne en tête, sceptre en main, avec ces mots inscrits autour : « Sceau de Louis XIV, roi de France et de Navarre, à l'usage du conseil supérieur de la *France orientale.* »

Dix ans plus tard, nouvel édit qui réunit Madagascar à la couronne, édit confirmé par ceux de 1717 et de 1725. Pendant ce temps Madagascar reçoit comme gouverneur le comte de Rennefort, puis le comte de Mondevergne, puis M. de Maudave, puis l'amiral de Lahaye.

De 1746 à 1750, c'est Labourdonnaye qui, pendant sa lutte mémorable contre les Anglais, vient à plusieurs reprises ravitailler sa flotte dans la baie d'Anton-Gil; c'est de là qu'il s'élance sur les Anglais et les expulse de Madras.

En 1773, le comte polonais Benyowski, échappé du Kamschatka, vient fonder, au nom du roi de France, la ville de Louisbourg. Fidèle aux intérêts français, même lorsqu'il fut proclamé roi par les indigènes, il agit, dans la mer des Indes, de concert avec le bailli de Suffren. C'est à Louisbourg que l'héroïque amiral vient réparer ses vaisseaux.

La Convention, en 1792, prenant au sérieux la colonisation de Madagascar, charge M. Lescalier d'aller étudier la grande île. Malgré les rapports on ne peut plus favorables de Lescalier, il fallut remettre l'entreprise; la France était déjà en guerre contre toute l'Europe. Une constitution de l'an III énumère Madagascar parmi les possessions françaises. En 1804 le général Decaen, envoyé dans l'Inde par l'empereur, déclare Tamatave chef-lieu de nos possessions malgaches.

Lorsque fut signé le traité de 1814, par lequel nous abandonnions à l'Angleterre l'île Maurice et ses dépendances, c'est-à-dire trois ou quatre îlots (1) qui entourent Maurice, le gouverneur de cette nouvelle possession, Robert Farquhar, prétendit que l'île de Madagascar était comprise parmi les dépendances de Maurice, et qu'elle appartenait par conséquent aux Anglais.

Une île de 900 lieues de tour dépendre d'une petite île qui n'en a que 30, cela était peu croyable, et M. Farquhar, l'un de ces hommes qui, pénétrés de l'esprit de leur gouvernement, ont si habilement travaillé dans l'intérêt de l'Angleterre, M. Farquhar connaissait trop bien les choses pour être ici de bonne foi. Aussi, le 18 octobre 1816, sur la réclamation de la France, le cabinet de Saint-James intima l'ordre à son zélé gouverneur de remettre Madagascar aux Français.

Farquhar ne se tint pas pour battu. Il voyait avec inquiétude notre établissement à Sainte-Marie et sur la grande terre. En 1822, lorsque M. Sylvain Roux, chargé de diriger nos colonies malgaches, arriva à Sainte-Marie, Farquhar lui fit demander quels étaient ses projets. Notre agent, fort de son bon droit, répondit au

(1) Rodrigues et les Seychelles.

gouverneur anglais qu'il n'avait pas de comptes à lui rendre. Farquhar s'y prit dès lors autrement pour entraver notre marche. Voyant poindre au centre de l'île une peuplade avec des projets de conquête, il la tourna contre nous, se proposant bien de la dépouiller plus tard au profit des Anglais.

Dès lors les Français sont obligés de céder le terrain aux Hovas; mais notre gouverneur à Sainte-Marie protesta avec calme et énergie contre tous les actes de Radam, et lui rappela les droits anciens et imprescriptibles de la France sur toute l'île (1).

La protestation de M. Blevec, qui elle seule suffirait, au point de vue juridique, pour empêcher la prescription de nos droits, est de 1823; en 1829 a lieu l'expédition Gourbeyre.

Les premiers succès de Gourbeyre jetèrent dans Tananarive un tel effroi (2) que, sans les conseils des Anglais et du prince Coroller, qui avaient vu de près la faiblesse de nos ressources, la reine des Hovas aurait traité avec nous. Cette expédition, à tort considérée en France comme un échec, allait se continuer en 1830; le prince de Polignac venait d'écrire de sa propre main

(1) *Voir* la note E à la fin du vol. — (2) *Id.* F.

à Ranavalone que la France ne renonçait pas à ses prétentions sur toute l'île, quand la révolution de juillet éclata. On évacua la grande terre dans la crainte d'amener par la conquête des difficultés fatales à la dynastie nouvelle.

En 1845 pourtant, lorsqu'un ordre brutal de la reine des Hovas expulsa les traitants européens de la grande terre, deux corvettes françaises et une corvette anglaise accoururent pour protéger leurs nationaux. Elles bombardèrent Tamatave, en démolirent les forts et embarquèrent ce qui appartenait aux traitants. Les Hovas nous tuèrent vingt hommes, tant Français qu'Anglais. Quelques personnes ont vu dans l'incident de Tamatave un échec pour notre pavillon; peut-être avait-on intérêt à faire sonner bien haut les noms des victimes ; ce qu'il y a de certain, c'est que l'Angleterre aurait partagé l'échec avec nous ; elle aussi elle avait eu ses morts, et pourtant les Anglais ont considéré cet acte d'une manière bien différente. Les trois corvettes ont voulu donner une leçon aux Hovas : après avoir démoli leurs forts on les a chassés du rivage ; la leçon était donnée. Les marins français et anglais, à moins d'être des insensés, n'avaient pas, ne pouvaient pas avoir d'autres prétentions.

Mais ne nous engageons point dans une discussion qui nous éloignerait de notre but. Ce qu'il importe de constater ici, ce que nous croyons avoir démontré par des faits, irrécusables, c'est que, de 1635 à 1845, la France a continuellement exercé ses droits. Il n'y a pas eu, comme nous venons de le voir, de prescription possible contre elle.

Enfin, jusqu'ici, nous n'avons occupé que la côte orientale; avons-nous des droits sur toute l'île, par cela seul que nous nous y sommes établis les premiers? Après avoir répondu à cette troisième question, nous aurons traité le point de droit dans toute son étendue. Et voici ce qu'à ce sujet nous avons à dire.

Lors de l'expédition du capitaine Baudin aux terres australes, une corvette anglaise fut expédiée du port Jackson, pour faire connaître au commandant français que, s'il était dans l'intention de former un établissement sur la côte de la Nouvelle-Hollande, les ordres du gouvernement anglais étaient de repousser cette tentative par la force; *attendu*, disaient les Anglais, *que l'acte de prise de possession de la Nouvelle-Hollande assurait à Sa Majesté Britannique la souveraineté exclusive de tout le continent et de toutes ses côtes.* Or les Anglais sont encore aujourd'hui en Australie ce que nous étions hier à Madagascar : ils n'occupent qu'une partie des côtes, et ils nous ont déclaré formellement que seuls ils ont des droits sur ce continent.

Mais pourquoi aller si loin chercher nos arguments? M. Farquhar, en 1816, croyant l'Angleterre substituée aux droits de la France sur Madagascar, écrivait le 25 mai au gouverneur de Bourbon, que l'Angleterre prétendait désormais au commerce exclusif de l'île tout entière. Or l'Angleterre ne pouvait légitimement tenir de nous que ce qui était à nous ; notre droit à ses yeux s'étendait donc, en 1815, sur toute l'île.

Ces deux faits tranchent nettement la question entre l'Angleterre et nous, à moins qu'il n'y ait dans le droit international un privilége inscrit en faveur des Anglais ; mais ne calomnions pas et citons plutôt les grandes paroles du ministre anglais, Huskisson en 1823 : « Que mon pays m'entende, je ne ferai plus » partie des conseils de l'Angleterre lorsqu'il sera » établi en principe, qu'il y a une règle d'indé» pendance et de souveraineté pour le fort et une » autre pour le faible ; et lorsque l'Angleterre, » abusant de sa supériorité navale, exigera pour

» elle des droits maritimes qu'elle méconnaîtra » pour les autres. »

Ces nobles paroles, qui arrachèrent aux membres du parlement anglais un tonnerre d'applaudissements, ne seraient désavouées, en 1848, ni par John Russell ni par Robert Peel, et elles répondent assez clairement à cette question : « L'Angleterre nous permettra-t-elle de coloniser Madagascar ? » pour que nous ne nous y arrêtions pas.

Ce qui encourage les agents subalternes de l'Angleterre à nous contrarier dans nos projets de colonisation, c'est qu'ils nous voient agir sans vigueur. Mais le gouvernement de Maurice, dont nous avons eu si souvent à nous plaindre, ne nous a jamais résisté, quand nous lui avons montré de la fermeté. On connaît la réponse de Sylvain Roux à l'envoyé de sir Robert Farquhar ; voici encore ce que je lis dans le récit d'un traitant qui se trouvait à Tamatave lors de l'expédition de 1829 : « Un brick de guerre anglais, arrivant de Maurice, mouilla dans la rade de Tamatave. Les officiers descendirent à la pointe, examinant et prenant des notes. M. Shæll leur envoya dire que la ville venait d'être prise et qu'en temps de guerre on n'entrait pas dans une place sans autorisation. *Les Anglais s'excusèrent et se rembarquèrent.»* Marchons donc d'un pas ferme, nous avons pour nous le droit, et pourvu que nous nous tenions dans la bonne route, les difficultés s'aplaniront.

Enfin, dans la séance du 5 février 1845, M. Guizot rappelait solennellement « les titres, les droits de la France sur Madagascar, » protestait que « le gouvernement ne voulait ni les abandonner ni les invalider, » et proclamait « qu'il ne s'était rien passé qui pût leur porter atteinte(1). »

Voilà nos droits sur Madagascar, ils sont entiers.

Quand les Anglais ont voulu prendre l'ile de France, une petite île de 30 lieues de tour, ils y ont envoyé 20,000 hommes, et ils ont pris l'île de France. Mais nous, qu'avons-nous fait jusqu'ici pour nous assurer la possession effective de Madagascar? Le voici : chacune des expéditions qui ont été tentées est à la fois un argument en faveur de nos droits, et une triste preuve de notre légèreté.

(1) *Voir* la note G à la fin du volume.

L'expérience ne nous sert de rien : de tous temps, en effet, on a dû savoir que la bonne saison s'étendait du mois de mai au mois de novembre, on l'a su ; car nous le voyons écrit dans les premiers chroniqueurs. Eh bien ! toutes les expéditions arrivent à Madagascar dans la mauvaise saison : celle de Pronis, en 1642, est de la fin d'octobre; celle du sieur de Flacourt, en 1648, est du 10 novembre ; celle de Benyowski, en 1773, du 2 février.

En 1821, de nouveau, on se décide à agir. On va prendre possession solennelle de Madagascar ! On sait à l'avance qu'il faut partir *au mois de février* pour arriver trois mois après, à l'ouverture de la bonne saison. En conséquence, on met *à la voile le* 10 *juin*. On embarque 79 hommes ! ! On relâche un mois à Gorée, un mois au cap de Bonne-Espérance, et l'on donne ainsi deux mois à la danse, aux fêtes de toute espèce. Ceux qui ont pris part à cette expédition se la rappellent encore comme une des plus joyeuses parties de plaisir qu'ils aient jamais faites ; et l'un des officiers les plus intelligents qui y assistèrent me confiait que, de sa vie, il ne s'était tant amusé. Voilà bien nos Français !

Quand M. Blevec se trouve en 1825 à Sainte-Marie en face de Radam, savez-vous combien de soldats il a à sa disposition? 144. Radam n'avait qu'à prier le capitaine anglais Moorson qui promenait sur la côte son royal ami, de mettre pour quelques heures seulement sa frégate à la disposition des Hovas; M. Blevec et les 144 Français auraient été jetés à la mer. Et en France on aurait crié à notre échec, à notre défaite!

Mais il y a mieux que tout cela: en 1826, l'armée hova de 4,000 hommes se présente devant le fort Dauphin. Savez-vous de combien se composait la garnison française? de 4 soldats et d'un caporal! Et cette armée tous les soirs faisait résonner le canon français; et quand on lui dit de rendre la place, elle demande le temps aux 4,000 Hovas de consulter le gouverneur de Bourbon.

Enfin l'expédition Gourbeyre elle-même, et c'est la plus sérieuse que nous ayons jusqu'ici entreprise, ne compte que 427 hommes. Gourbeyre certainement a fait plus qu'on ne pouvait l'espérer; il a expulsé les Hovas de Tamatave, les a battus à Tintingue, à la Pointe-à-Larrée, et ne s'est arrêté que devant Foulpointe. C'est là que succombe le malheureux Shæll, cet héroïque officier qui, blessé précédemment et entouré, avec quatre soldats, par une nuée de Hovas, se défend, appuyé sur son mousquet et le sabre à la main, contre les ennemis que, pendant un moment, il tient à distance.

Mais encore une fois, ce n'est pas avec 427 hommes que l'on pouvait faire la conquête d'une contrée, grande comme la France.

Non, la colonisation de Madagascar n'a jamais été entreprise ; tout au plus a-t-on voulu y maintenir des comptoirs de commerce. Mais aujourd'hui il ne faut plus songer aux comptoirs: les Hovas nous défendent d'en établir ; il faut ne rien faire, ou faire quelque chose de sérieux.

C'est ce que conseillait M. Blevec en 1828 : « Il faut que la France reprenne, par la force, une attitude respectable à Madagascar, ou qu'elle renonce à tous ses droits de souveraineté pour se borner à n'y entretenir que des relations commerciales. Dans cette dernière hypothèse, quelle serait notre position ? Entrés après les Anglais dans une carrière où nous n'aurions à offrir qu'une honteuse abnégation de nos droits, nous *serions soufferts* à Sainte-Marie, jusqu'à ce que cet établissement dépendant, privé de bras et de la faculté de s'en procurer, sans moyens de s'accroître et sans utilité réelle, s'éteignit dans la langueur et dans l'obscurité.» — On ne pouvait mieux comprendre l'état des choses, mieux prédire l'avenir ; mais M. Blevec ne fut pas écouté. Espérons qu'il le sera davantage sous le régime nouveau.

Quand on se décidera à une tentative sérieuse, on devra retenir les principes suivants, évidents, pour qui connaît le pays, comme le bon sens et l'expérience,

1° Arriver à Madagascar au mois de mai avec une armée assez considérable pour être sûre des premiers succès ;

2° Marcher en droite ligne sur la capitale des Hovas, en se présentant dès l'abord chez les Betsimsaracs, et mieux encore chez les Sakalaves ;

3° Convier les indigènes à marcher avec nous, en proclamant que nous venons détruire uniquement la puissance des Hovas.

Arriver au mois de mai, parce que c'est le commencement de la belle saison, et que l'on aurait devant soi six à sept mois sans craindre les fièvres, même sur la côte. Arriver avec des troupes assez nombreuses, parce qu'il faut non-seulement jeter le découragement parmi les Hovas, mais aussi entraîner les autres indigènes sur notre passage; et, pour cela, il nous faut d'abord des succès. Commencer par une lutte languissante, ce serait le moyen de ne pas rencontrer d'amis parmi les Malgaches.

Marcher sur la capitale, parce que les Hovas, très-faibles en nombre et détestés par la plupart des indigènes, dominent à Madagascar par la force des armes, par la force brutale, et que de telles dominations, il suffit de les frapper au cœur pour les désorganiser et les voir crouler d'elles-mêmes.

Se présenter chez les Sakalaves et les Betsimsaracs, parce que ces derniers sont nos amis de tout temps, et que les Sakalaves et les Hovas se faisant, depuis le commencement de ce siècle, une guerre d'extermination, les premiers sur le point d'être complétement anéantis, nous regarderaient comme des vengeurs. D'ailleurs, comme nous l'avons dit précédemment, ils nous appellent; ils nous ont légué tous leurs droits, afin que nous venions plus sûrement à leur secours.

Se déclarer ennemis des seuls Hovas, parce

qu'il y a encore à Madagascar quelques petits princes indépendants, ennemis jurés des Hovas, et qu'il faut bien leur faire comprendre que notre but n'est pas de les dépouiller, eux aussi.

Nous ne prétendons point arranger les détails de l'expédition. Une fois les grands principes que nous recommandons observés, il nous suffit de proposer quelques indications utiles.

Jeter sur le sol malgache quinze mille hommes, comprenant douze mille Français et trois mille Yolofs; on sait quelle frayeur inspirent aux Hovas les Cafres du Sénégal, bons soldats d'ailleurs, et qui formeraient notre avant-garde..... Il y a dans les îles Mayotte et Nossibé des Sakalaves, réfugiés au nombre de neuf à dix mille; dans l'île Sainte-Marie deux ou trois mille Betsimsaracs : en former un corps de troupes qui marcherait avec nous..... Il y a, auprès de la reine hova, des Français, entre autres M. Delastelle, l'un des plus puissants, qui, pour rester dans le pays, ont dû se faire naturaliser; annoncer que la France les reconnaîtra comme Français, et se servira, après la conquête, de leur expérience pour la colonisation..... Faire savoir aux Hovas eux-mêmes que nous ne venons pas les exterminer, mais renverser la domination inique de Ranavalone, dont un grand nombre d'entre eux sont les premiers à se plaindre ; qu'ils ne seront point chassés de leur province d'Ancove.... Avant tout, faire connaître à l'Angleterre que la colonisation est pour la France le seul moyen de mettre fin à ses troubles intérieurs, sans déclarer la guerre à l'Europe; qu'avec l'entente cordiale des deux puissances, nous comptons au moins sur la neutralité des gouverneurs anglais, de celui de Maurice surtout, qui trop souvent a fait échouer nos projets à Madagascar (1)..... Faire passer d'avance à Bourbon le plus de troupes possible, et certainement on pourrait, d'ici la fin du mois de mars, y transporter cinq mille hommes qui se trouveraient tout rendus pour l'expédition.

(1) Quand le gouverneur de Sainte-Marie demande des explications à Radame sur ses envahissements, c'est l'agent du gouverneur de Maurice, James Hastie qui rédige la réponse; quand les Hovas vont massacrer à la pointe à Larrée le prince Betsimsarac Tsifanin notre allié, c'est une corvette britannique qui les transporte sous les yeux de M. Blevec; et par qui sont commandés les Hovas? Encore par James Hastie! Quand l'effroi se répand dans Tananarive, à la suite de la prise de Tamatave par Gourbeyre, l'agent anglais est du côté de Coroller pour dissuader la reine de traiter avec les Français.

Il resterait donc dix mille hommes à transporter. L'escadre partirait des ports de France et de Senégal en février, et se divisant, après avoir doublé le Cap, irait mouiller dans la baie de Bombétock, au nord-ouest de l'île, et dans la baie d'Anton-Gil, au nord-est.

L'arrivage aurait lieu, comme nous l'avons dit, dans les premiers jours de mai. Un mois auparavant, les troupes que nous aurions fait passer à Bourbon auraient été prendre terre à Diego-Souarez, au nord de Madagascar. Ces 5,000 hommes, chassant devant eux les garnisons hovas, se dirigeraient sur Anton-Gil, s'assurant ainsi d'une province à grandes ressources, et à travers laquelle l'ennemi ne pourrait venir nous attaquer plus tard.

L'armée de l'est, composée de 6,000 hommes après la jonction à Anton-Gil, et l'armée de l'ouest de 9,000 hommes, communiquant par des bateaux à vapeur, ou mieux encore par les sentiers connus entre Anton-Gil et Bombetok, concerteraient leurs opérations. Tandis que celle de l'est descendrait d'Anton-Gil à Tamatave, l'armée de l'ouest, après qu'un vaisseau serait allé exiger la reddition des deux forts hovas de cette côte, Madjonga et Mourounsang, et au besoin en démolir les palissades par quelques coups de canon, l'armée de l'ouest, n'ayant point à craindre d'être prise en queue, appuyée au contraire par Mayotte, marcherait en droite ligne sur Tananarive.

Nous trouverions des guides à Mayotte et sur la grande terre pour nous y conduire. De ce côté il y a une route très-praticable. C'est par cette route que les canons anglais signés " Liverpool " ont été transportés à Tananarive, par cette route que se fait tout le commerce des Hovas avec les Arabes. Nous n'allons pas d'ailleurs à Madagascar avec de la cavalerie; ce qu'il nous faut, ce sont des fantassins habitués à la guerre d'Afrique, des chasseurs d'Orléans, des sapeurs du génie, quelques pièces de canon, pas de chevaux.

Partis de Bombetok, dix jours après nous serions devant Tananarive, nous aurions eu à traverser le Boueni et l'Antsianac, c'est-à-dire les deux provinces les plus fertiles et les moins boisées de l'île, où l'on rencontre des villages environ de cinq en cinq lieues. Tananarive, dans la supposition qu'elle voulût résister avec ses 25,000 habitants et ses palissades en bois pour remparts, céderait bientôt devant quelques coups de canon ; et la capitale des Hovas une fois prise, leur domination, avons-nous dit, a cessé d'exister.

Nos deux corps d'armée, l'un rendu à Tamatave, l'autre à Tananarive, communiquent librement, et il ne s'agit plus que de la colonisation ; car, sur cette terre, nous le répétons, il n'y a pas de combats à livrer ; quelques forts à démolir sur la côte, quelques remparts en bois à renverser, quelques coups de fusil à échanger avec les Hovas, voilà ce qui nous attend.

Pour la colonisation, nous maintiendrions la même forme de gouvernement que les Hovas, avec l'arbitraire et la spoliation de moins : un gouverneur général de l'île ; au-dessous, des agents qui relèveraient du gouverneur comme les préfets et sous-préfets en France relèvent du pouvoir central. Avoir en troupes françaises un effectif de 15 à 20,000 hommes ; se servir des Malgaches, sans en excepter les Hovas, comme les Anglais, dans l'Inde, se servent des Cipayes. On sait que des 350,000 hommes qui composent l'armée indo-anglaise, il n'y a que 45,000 Anglais.

Les princes qui ont échappé à la domination des Hovas, ne point les dépouiller, placer seulement auprès d'eux un agent, comme les Anglais, auprès des princes indiens, maintiennent *un résident.* Ce résident, suivant le degré d'indépendance du prince indien, est ou simple conseiller ou ministre plénipotentiaire. Ce sont de pareils agents que nous placerions auprès des princes malgaches. Et, grâce à la politique des Hovas, ces princes ne sont pas nombreux; car, il faut l'avouer, les Hovas, en centralisant le pouvoir à Madagascar, nous en ont singulièrement facilité la conquête, et surtout la colonisation.

Dès la conquête, percer quelques routes indispensables à l'écoulement des productions de l'intérieur vers les côtes, l'une de Tananarive à Tamatave, route conseillée à Radame par les Anglais, et qu'ils se seraient bien chargés de percer eux-mêmes; trois autres qui iraient : du centre à Diégo-Souarez, à Bombetok et au fort Dauphin.

Tout cela coûte, direz-vous, tout cela demande des bras et du temps. Sans doute; mais avec une population de 4 millions d'âmes, à laquelle un peu de riz suffit pour toute nourriture, avec des hommes qui, pour un peu d'eau-de-vie, donnaient toute une journée de leur travail à nos anciens colons; avec des hommes qui, pour 5 fr. par mois, quittaient leur pays lorsqu'on le leur permettait, il n'en coûterait pas autant qu'on le croit. On corrigerait en même temps le terrain, en facilitant l'écoulement des eaux, et l'on améliorerait ainsi le climat sur la côte. Tout est à faire; mais sous la direction d'ingénieurs français, tout cela n'est pas impossible à faire (1).

Ne sont-ce pas de tels travaux qu'ont eu les Hollandais à effectuer à Java? Sur quelle terre le climat était-il plus malsain? et pourtant Java est devenue l'une des plus belles colonies du monde. Java, aujourd'hui, est plus important pour les Hollandais que la Hollande ellemême.

Dans les admirables baies de la côte occidentale, dans la baie d'Anton-Gil, nous établirions des chantiers de construction. Là afflueraient non-seulement nos navires, mais ceux de toutes les nations européennes qui vont dans l'Inde ou dans l'Océanie. N'est-il pas déplora-

(1) On sait qu'en 1808 une compagnie de Maurice proposa au général Decaen de dessécher les marais entre Tamatave et Andevourante, si on voulait lui donner mille esclaves dont on lui reconnaîtrait ensuite la propriété. Le desséchement de ces marais ne paraît donc pas impossible.

ble, par exemple, de voir nos bâtiments se faire réparer dans les chantiers anglais de Maurice, quand Bourbon et Madagascar nous appartiennent? Les Anglais vont-ils se faire réparer dans les chantiers français? S'ils nous ont rendu Bourbon, à chaque fois qu'ils l'ont prise, sans se faire beaucoup prier, c'est évidemment parce qu'ils sont les premiers à profiter de notre commerce dans ces parages. Mais soyons établis à Madagascar, et dès lors nous aurons des chantiers chez nous.

Nos nationaux, qui, faute de colonies françaises à exploiter, partent chaque jour pour les États-Unis, pour le Brésil, pour la Plata, pour l'île de France, malgré toutes les difficultés qu'ils y éprouvent, iront de préférence, et en plus grand nombre, dans une possession française, si surtout cette contrée encore inexploitée que vous offrirez à leur activité, est voisine d'une colonie où leurs devanciers faisaient si facilement fortune.

Notre génération détournera volontiers son attention de ces luttes intestines qui rendent la situation si difficile, et bientôt vous verrez à Diégo Souarez, au fort Dauphin, à Tananarive, à Louisbourg, s'élever des villes à l'européenne, comme aujourd'hui Calcutta dans l'Inde, Batavia à Java, et Sidney en Australie. Jetez les yeux sur la carte, en effet, et vous conviendrez qu'aucun de ces pays n'est mieux placé, pour le développement du commerce, que la grande terre de Madagascar.

L'extension du commerce, et, pour commencer, la colonisation, voilà comment l'on tirera un parti avantageux de l'activité que la révolution a réveillée en France. Par là, on triomphera des difficultés de la situation, sans avoir recours à la guerre. Cette guerre autrement, vous l'éviterez aujourd'hui, vous ne l'éviterez pas demain. Il n'y a pas de révolution, encore une fois, qui ait réussi par la concentration.

La compression amènera toujours l'explosion.

L'Angleterre verra sans doute avec déplaisir le développement qu'assurerait à notre commerce maritime la colonisation sérieuse de Madagascar; mais, en vérité, ne rougirions-nous pas de reculer devant un tel motif?

Nous devons tenir à l'alliance anglaise; mais il faut que cette alliance soit profitable à l'une et à l'autre des deux puissances, sinon elle est une duperie, il faut y renoncer, et chercher ailleurs nos alliés. Après tout, sommes-nous réellement les seuls et même les plus intéressés à l'entente cordiale? Non. Placée entre l'Angleterre et la Russie, ces deux colosses qui se choquent déjà dans l'Amérique du Nord, qui se rencontreront un jour sur les bords de l'Indus, la France peut, en manœuvrant avec habileté, tirer de grands avantages de sa situation.

La manœuvre ne nous a-t-elle pas été enseignée par les Anglais eux-mêmes? Entre la France de François Ier et l'Espagne de Charles-Quint, le roi d'Angleterre Henri VIII prend pour devise : « Celui que je soutiens est maître. » Et qui a profité de la lutte entre Charles-Quint et François Ier? Henri VIII. Si les Anglais le considèrent comme un grand roi, c'est qu'il a été habile entre les deux puissances qui se disputaient alors la suprématie européenne. Grâce à la politique de son père, en effet, Élisabeth domina toute l'Europe.

La France se trouve dans une position bientôt semblable à celle de l'Angleterre au XVIe siècle ; c'est à nos hommes d'État à en tirer parti.

Au point de vue de la civilisation, pour le bien de l'humanité, nous devons préférer l'alliance anglaise à l'alliance russe, à une condition pourtant : c'est qu'il ne faudra pas sacrifier à la première nos intérêts, notre avenir même. La république, qui n'a rien à se faire pardonner, doit, en même temps qu'elle respecte tous les droits, exercer les siens avec fermeté ; et si l'extension du commerce, la colonisation, sont pour elle la voie de salut la plus sûre, s'y engager sans tâtonnement.

NOTES.

Note A.

Peut-être obtiendrons-nous ce qu'ont déjà obtenu les Anglais, au dire d'un journal de Maurice; mais ce qui peut contenter l'Angleterre ne doit pas contenter la France. L'Angleterre n'a aucun droit sur Madagascar; la France, à Madagascar, parle, comme on le verra par la suite, à des sujets rebelles. Voici, au reste, le passage du journal *le Mauricien* :

« Port-Louis, le 19 juillet 1848.

» Le steamer *le Geyser* est arrivé lundi soir de Tamatave, d'où il est parti le 13 du courant.

» D'après les renseignements transmis par ce bâtiment, l'amiral Dacres aurait obtenu la réouverture du commerce pour le 23 du courant, à la condition qu'il ne serait permis à aucun traitant ou commerçant anglais de résider à terre, ni de séjourner dans la ville plus longtemps qu'entre le lever et le coucher du soleil.

» L'amiral avait quitté Tamatave; mais avant de s'en éloigner il avait adressé un nouveau message à la reine. On nous dit que le steamer *le Rosamond*, en ce moment dans notre port, va partir pour Tamatave, afin d'y attendre cette réponse de Ranavalone.»

Note B.

Je suis tenté de croire que les Anglais ne jouissent pas de cette sympathie. Voici ce qu'écrivait Coroller, l'un des esprits les plus intelligents qui aient fait partie du conseil de la reine :

« Si l'on envoie vous demander de quelle nation vous êtes, dites créole, ou Français, ou Portugais; mais gardez-vous bien de vous dire Anglais, car vous seriez ou bafoué ou vu de mauvais œil. Les cris de : « Hors d'ici les Anglais! hors d'ici cette peste de prometteurs et de menteurs! » sont dans bien des bouches. Les révérends missionnaires et les artisans britanniques tremblent dans le manche. Ils sont sous mes auspices et sous ceux de quelque peu d'officiers. Nous sommes à solliciter pour qu'ils puissent demeurer parmi nous. »

Enfin nous voyons dans William Ellis que les Malgaches considèrent l'Anglais comme un type de fausseté, et que l'un de leurs proverbes est celui-ci : « *False as the English* ». C'est un historien anglais qui rapporte ce fait.

Note C.

« J'ai vu combattre la fièvre en tenant sans relâche le malade auprès d'un très-grand feu. J'ai entendu parler d'un devin de Bétaniména qui faisait des amputations : il brisait l'os avec une hache. » (M. *Laverdant.*)

« Ils nous demandaient comment nous faisions pour avoir d'aussi grosses barres de fer que nous en portions chez eux; nous leur faisions accroire que nous plantions des épingles et des aiguilles en France, et qu'au bout d'un certain temps elles grossissaient comme ils voyaient. Dans le moment, les poules et les œufs abondèrent chez nous; pour une épingle ils nous donnaient huit œufs, et quatre ou cinq poules pour une aiguille, et allaient ensuite les planter la tête en haut, comme nous leur avions dit; ils ne manquaient pas tous les jours d'aller voir en quel état elles étaient. »

Le même chroniqueur ajoute : « Ils sont quelquefois sujets aux maux de tête. Au commencement, nos Français, à qui ils s'en plaignaient, leur faisaient accroire que c'était une mauvaise vapeur renfermée dans le cerveau; que pour la dissiper il fallait y donner de l'air. Il y en eut d'assez sots pour se la faire percer : c'est une marque que la douleur qu'ils souffraient était bien grande! » (*Voyage à Madagascar*, par M. de D. V., commissaire provincial de l'artillerie de France. In-12; Paris, 1722.)

Note D.

Radame un jour, en conférence avec les Sakalaves qui venaient traiter de la paix, éclata en menaces devant l'agent anglais Brady : « Pourquoi tant de menaces aux Sakalaves? dit celui-ci. Si tu veux donner le fouet à un enfant qui est hors de ta portée, que fais-tu pour l'atteindre? Tu lui montres du miel; c'est ainsi qu'il faut agir avec les peuples pour les soumettre.—Ah ! s'écria Radame frappé de la leçon, est-ce que je serais l'enfant et sir Robert Farquhar le maître d'école?»

Un jour le Français Arnoux, invité à dîner par le roi, affectait de jeter des boulettes de pain sur la table: « Que fais-tu donc là? demanda Radame.—Je pense, répondit le traitant, que les Anglais te roulent comme moi je fais rouler ces boulettes de pain. Tu es grand, Radame, mais avant peu d'années, si tu continues, tu iras balayer les rues de Londres, ou solliciter quelque grade de sergent dans un régiment d'habits rouges. —Tu me crois donc bien bête, reprit Radame. Par mes ancêtres, je sais ce que veulent les Anglais, et ils ne l'auront pas. Robin m'a appris ce qu'ils ont fait aux Indes. Le gouverneur de Maurice ne m'a-t-il pas engagé déjà à faire un voyage en Angleterre? Sais-tu ce que je lui ai répondu? Que je partirai pour Londres aussitôt que je verrai le roi d'Angleterre à Tananarive. »

Son langage et sa personne prévenaient en sa faveur. En 1826, les Betsimsaraks lui envoient une députation, l'orateur termine par ces mots: « Nous sommes à vous. Vous êtes l'aiguille et nous le fil. Partout où vous passerez nous passerons. » Radame, dans son langage figuré : « Je serai votre ami. On dit que ce qu'il y a de meilleur au monde, c'est l'argent; mais les amis valent encore mieux. L'argent est comme l'eau du fleuve qui échappe; les amis sont les arbres qui s'attachent au rivage et ombragent le sol. » Quand il traversa le pays des Bétanimènes, dit un traitant français, femmes et enfants accouraient sur son passage : « Tu es beau, lui criait-on, tu es un soleil. »

Note E.

Protestation de M. Blevec, gouverneur de Sainte-Marie, contre les prétentions de Radame.

« Le gouverneur de Sainte-Marie, considérant que les prétentions du roi Radame ne sont fondées ni en droit ni en fait,

» Proteste solennellement, au nom de Sa Majesté Louis XVIII, roi de France et de Navarre, et des chefs malgaches, ses vassaux, contre le prétendu titre de roi de Madagascar illégitimement pris par le roi des Hovas, et contre toutes les conséquences directes ou indirectes qu'il voudrait en faire résulter ;

» Déclare qu'il ne reconnaît au roi des Hovas aucun titre à la possession légitime de quelque partie que ce fût de la côte est de Madagascar ;

» Proteste contre toute occupation faite ou à faire des points de cette côte dépendants de S. M. T.-C. ;

» Proteste en outre contre toutes concessions qu'on pourrait ou qu'on aurait pu extorquer aux divers chefs malgaches, vassaux de S. M. T.-C. ; concessions qui seraient évidemment l'ouvrage de la séduction ou de la violence, et qui, en admettant même qu'elles fussent volontaires, ne pourraient annuler les déclarations antérieures des mêmes chefs, ni, à plus forte raison, les droits anciens et imprescriptibles de la France. »

Cette protestation fut portée à Radame par la goëlette française *la Bacchante.*

NOTE F.

Extrait du récit de M. Provins, traitant à Madagascar pendant dix-huit ans : « Coroller, causant depuis avec nous de cette affaire, nous disait : Si j'avais été à la place du capitaine Gourbeyre, sur le coup de la prise de Tamatave, je me serais emparé de l'île tout entière. » L'épouvante des Hovas fut telle qu'ils s'évanouirent en quelque sorte. Quelques-uns arrivèrent à Tananarive d'une course en cinq jours. Ils avaient, comme moyen d'excuser leur défaite, porté un boulet de trente-six ramassé au delà de la batterie. « Ces masses effrayantes, disaient-ils, frappaient autour d'eux, mettant tout en pièces, et combien peu étaient parvenus à leur échapper, puisqu'elles tombaient serrées comme les gouttes de la pluie. » Les chefs d'Himerna étaient consternés ; ils accusaient de faiblesse et de lâcheté la garnison de Tamatave, objectant que l'effet de ces boulets de canon ne devait pas effrayer des hommes, puisqu'il était *aisé, vu leur grosseur, de les voir venir et de les éviter.* »

Note G.

Extrait du Moniteur *du 6 février* 1846.

« En présence de l'incident de Tamatave. . . . ., le gouvernement a senti la nécessité de prendre, dans les établissements autour de Madagascar, une attitude forte qui rétablît dans ces populations le sentiment de notre force, qui leur inspirât *le respect de notre présence et de nos droits.*

» . . . . Non, il ne s'est rien passé, et il ne pouvait rien résulter de l'expédition *qui portât atteinte aux droits de la France.*

» Le maintien complet et rigoureux du *statu quo*, quant à nos droits, a été la règle de notre conduite. Dans l'incident même dont on parle, il n'y avait rien qui touchât à ces droits. Des traitants anglais comme des traitants français se trouvaient établis à Madagascar; leur présence n'y était contestée par personne; les uns et les autres ont été également maltraités par la puissance locale. Le gouverneur de l'île Maurice de son côté, le gouverneur de l'île Bourbon du sien, ont voulu tirer vengeance de l'affront qu'ils avaient reçu et protéger leurs nationaux; Français et Anglais rendus sur les lieux, sans concert préalable, sans aucun sacrifice des uns aux autres, *sans que de la part des uns ni des autres rien n'impliquât la reconnaissance ou le désaveu de droits antérieurs*, ils se sont contentés les uns et les autres de pourvoir à une nécessité du moment ; ils l'ont fait en commun, comme ils se seraient défendus en commun contre la tempête. Tels sont les faits, messieurs, et ces faits n'entament pas les droits. »

(*M. Guizot à la chambre des députés.*)

TABLE DES CHAPITRES.

PARIS. — IMPRIMÉ PAR E. THUNOT ET Ce, RUE RACINE, 28.

www.ingramcontent.com/pod-product-compliance
Ingram Content Group UK Ltd.
Pitfield, Milton Keynes, MK11 3LW, UK
UKHW022119190726
13855UKWH00003B/954